LE LIVRE DE RECETTES ULTIME POUR LES BOULETTES DE VIANDE

50 RECETTES PASSIONNANTES À FAIRE À LA MAISON

EDUARD LEWIS

retransmise sous quelque forme que ce soit sans l'autorisation écrite expresse et signée de l'auteur.

TABLE DES MATIÈRES

TABLE DES MATIÈRES...4

INTRODUCTION..8

BOULES DE VIANDE DU MONDE............................ 10

   1. Boulettes de viande belges braisées à la bière...10

   2. Soupe bulgare aux boulettes de viande...............12

   3. Boulettes de viande marocaines...........................14

   4. Boulettes d'agneau persan................................ 16

   5. Boulettes de viande hongroises...........................18

   6. Boulettes de viande et saucisses occidentales...20

   7. Boulettes de poulet norvégiennes.......................22

   8. Boulettes de viande coréenne...............................24

   9. Boulettes de viande de Manhattan.....................26

   10. Boulettes de viande vietnamiennes...................28

   11. Apéritifs suédois aux boulettes de viande.........30

   12. Boulettes de viande grillées galloises............... 32

   13. Kofta afghan... 34

   14. Boulettes de viande polynésiennes...................36

15. Boulettes de viande à la grecque............................38

16. Boulettes de viande écossaises........................... 40

17. Boulettes de viande allemandes croustillantes. 42

18. Boulettes de viande hawaïennes........................ 44

19. Boulettes de viande scandinaves......................... 46

20. Boulettes de viande mexicaine............................ 48

21. Boulettes de viande norvégiennes en gelée de raisin...50

22. Boulettes de viande thaï épicées aux nouilles.. 52

23. Boulettes de viande ukrainiennes "bitki"...........54

24. Spaghetti aux boulettes de dinde........................56

25. Boulettes de viande russes (bitochki)................ 58

26. Boulettes de viande méditerranéenne...............60

27. Soupe chinoise aux boulettes de viande et au cresson...62

28. Keftedes [boulettes de viande grecque]........... 64

29. Boulettes de viande françaises............................66

30. Boulettes d'agneau du Moyen-Orient.................68

31. Soupe asiatique aux boulettes de viande........... 70

32. Sandwich italien aux boulettes de viande..........72

33. Kefta égyptien.. 74

34. Boulettes de viande européennes à la crème.... 76

35. Boulettes de viande danoises (frikadeller)....... 78

36. Boulettes de viande suédoises faciles...............80

37. Boulettes de viande allemandes........................ 82

38. Ragoût de boulettes de viande du Ghana..........84

39. Boulettes de viande à l'apéritif d'Extrême-Orient...86

40. Boulettes de viande indonésiennes.....................88

41. Boulettes de viande libanaises...........................90

42. Boulettes de viande et poivrons de Californie..92

43. Boulettes de viande cantonaise...........................94

BOULES DE VIANDE COCKTAIL................................... 96

44. Boulettes de viande cocktail festives............... 96

45. Boulettes de viande apéritif chipotle...............98

46. Boulettes de viande cocktail aux canneberges100

47. Boulettes de Viande au Vin...............................102

48. Chuletas (boulettes de viande de cocktail mexicain).....................104

49. Boulettes de viande de fête............................ 106

50. Boulettes de viande au cocktail de wapiti....... 108

CONCLUSION.. 110

INTRODUCTION

Une boulette de viande est un aliment qui se définit: c'est littéralement une boule de viande. Mais avant de commencer à ramasser des touffes de bœuf haché dans une poêle et à appeler votre triste dîner «boulettes de viande», prenons du recul.

Apprenez à faire des boulettes de viande faciles vous-même à la maison et faites-les cuire de manière à ce qu'elles soient parfaitement dorées à l'extérieur mais toujours juteuses au milieu. Voici quelques trucs et astuces pour des boulettes de viande parfaites:

La viande hachée

Vous pouvez utiliser n'importe quelle viande hachée ou mélange de viande hachée que vous aimez. Le favori des fans est un mélange de bœuf haché et de porc. L'agneau haché, la dinde, le poulet, le veau ou le buffle sont également du gibier équitable.

Breadcrumb & Milk Binder

Une astuce pour s'assurer que les boulettes de viande sont totalement tendres une fois cuites consiste à utiliser un liant. Ce liant aide à ajouter de l'humidité aux boulettes de viande et empêche également les protéines de viande de rétrécir et de devenir coriaces.

Évitez de surcharger la viande

Une autre astuce pour tendre les boulettes de viande est de ne pas trop travailler la viande - mélangez la viande avec le liant et d'autres ingrédients jusqu'à ce qu'ils soient combinés.

Rôtir ou mijoter les boulettes de viande

Vous avez deux options: les rôtir ou les faire mijoter dans une sauce. Le rôtissage est la meilleure option si vous prévoyez de servir les boulettes de viande dans autre chose qu'une sauce ou si vous prévoyez de congeler les boulettes de viande pour plus tard. La torréfaction donne également aux boulettes de viande un peu plus de saveur puisque l'extérieur saisit dans la chaleur du four.

Si vous prévoyez de servir les boulettes de viande avec une sauce, vous pouvez également faire cuire les boulettes de viande avec la sauce. Non seulement ce doux mijotage rend certaines des boulettes de viande les plus tendres et les plus savoureuses que vous ayez jamais eues, mais la sauce devient également plus riche et plus savoureuse au cours du processus.

BOULES DE VIANDE DU MONDE

1. Boulettes de viande belges braisées à la bière

Ingrédient

- 1 tasse de chapelure blanche fraîche

- $\frac{1}{4}$ tasse de lait

- 1 livres   Bœuf haché, maigre

- $\frac{1}{2}$ livre de porc ou de veau haché

- 1 œuf large

- Légumes et épices

- Huile de cuisson

- 2 cuillères à soupe de persil frais; garnir

a) Pour préparer des boulettes de viande, faites tremper la chapelure dans le lait jusqu'à ce qu'elle soit bien humidifiée; essorez avec les mains.

b) Mélanger la chapelure, la viande hachée, les œufs, les échalotes, le persil, le sel, le poivre et la muscade dans un bol moyen.

c) Former le mélange en 6 à 8 boules ou galettes (2 pouces de diamètre et $\frac{1}{2}$ pouce d'épaisseur); saupoudrer de 2 cuillères à soupe de farine.

d) Chauffer le beurre et l'huile dans un four hollandais profond et épais, jusqu'à ce qu'ils soient chauds mais non fumants, à feu vif. Ajouter les boulettes de viande; cuire jusqu'à ce qu'il soit doré de tous les côtés, environ 5 minutes, en veillant à ce que le beurre ne brûle pas. Retirer les boulettes de viande sur une assiette; Garder au chaud.

2. Soupe bulgare aux boulettes de viande

Rendement: 8 portions

Ingrédient

- 1 livres   Le bœuf haché

- 6 cuillères à soupe de riz

- 1 cuillère à café de paprika

- 1 cuillère à café de sarriette séchée

- Sel poivre

- Farine

- 6 tasses d'eau

- 2 Cubes de bouillon de boeuf
- ½ Botte d'oignons verts; découpé en tranches
- 1 Poivron vert; haché
- 2 Carottes; pelé, tranché finement
- 3 Tomates; pelé et haché
- 1 Sm. piments jaunes, cassés
- ½ Bouquet de persil; haché
- 1 Œuf
- 1 Citron (jus uniquement)

a) Mélanger le bœuf, le riz, le paprika et la sarriette. Assaisonner au goût avec du sel et du poivre. Mélangez légèrement mais soigneusement. Former des boules de 1 pouce.

b) Mélanger l'eau, les cubes de bouillon, 1 cuillère à soupe de sel, 1 cuillère à café de poivre, les oignons verts, le poivron vert, les carottes et les tomates dans une grande bouilloire.

c) Couvrir, porter à ébullition, réduire le feu et laisser mijoter 30 minutes.

3. Boulettes de viande marocaines

Ingrédient

- 1 livres   Bœuf haché ou agneau

- 1 cuillère à café de sel, $\frac{1}{4}$ cuillère à café de poivre

- 2 cuillères à soupe d'oignons séchés

- $1\frac{1}{2}$ tasse d'eau ou de tomates en compote

- 3 cuillères à soupe de beurre sucré

- $\frac{1}{2}$ tasse d'oignons séchés et écrasés

- $\frac{3}{4}$ cuillère à café de gingembre, $\frac{1}{4}$ cuillère à café de poivre

- $\frac{1}{4}$ cuillère à café de curcuma, 1 pincée de safran

- 1 cuillère à soupe de persil haché

- Cumin, 2 cuillères à café de paprika

- Cayenne

- $\frac{1}{4}$ cuillère à café de cumin

- 1 cuillère à café de paprika

- $\frac{1}{2}$ tasse de persil haché

- 1   Jus de citron

a) Mélangez tous les ingrédients de la viande. Pétrissez bien et formez des boules de 1 ".

b) SAUCE: Placer tous les ingrédients dans une poêle à l'exception du citron. Ajouter $1\frac{1}{2}$ tasse d'eau et porter à ébullition.

c) Réduire le feu et laisser mijoter 15 minutes. Ajouter les boulettes de viande et laisser mijoter 30 minutes. Ajouter le jus de citron et servir aussitôt sur une assiette chauffée avec beaucoup de pain marocain.

4. Boulettes d'agneau persan

Rendement: 7 portions

Ingrédient

- $\frac{3}{4}$ tasse de blé bulgare, moulu fin

- 2 tasses d'eau bouillante

- 2 livres   Ragoût d'agneau, haché fin

- $\frac{1}{2}$ tasse d'oignon jaune finement haché

- $\frac{1}{2}$ tasse de pignons de pin

- 3 cuillères à soupe d'huile d'olive

- 2   Œufs battus

- 1 cuillère à café de coriandre moulue

- 2 cuillères à café de cumin moulu

- 3 cuillères à soupe de jus de citron

- 2 cuillères à soupe d'aneth frais moulu

- 1 cuillère à soupe de menthe fraîche hachée

- $\frac{1}{2}$ cuillère à café de sel

- Poivre moulu au goût

a) Dans un petit bol, laissez tremper le bulgar dans l'eau bouillante pendant une demi-heure. Bien égoutter.

b) Dans un grand bol, mélanger les ingrédients des boulettes de viande, y compris le bulgar égoutté, et bien mélanger.

c) Former des boules de 1 $\frac{1}{2}$ pouce et placer sur une plaque à pâtisserie.

d) Cuire au four 20 minutes dans un four préchauffé à 3750F, ou jusqu'à ce que tout juste cuit.

5. Boulettes de viande hongroises

Ingrédient

- Recette de boulettes de viande de base

- 1 cuillère à soupe d'huile végétale

- 2 Oignons; Émincé

- $\frac{3}{4}$ tasse d'eau

- $\frac{3}{4}$ tasse de vin rouge; Sec

- 1 cuillère à café de graines de carvi

- 2 cuillères à café de paprika

- $\frac{1}{2}$ cuillère à café de feuilles de marjolaine

- $\frac{1}{2}$ cuillère à café de sel

- $\frac{1}{4}$ tasse d'eau

- 2 cuillères à soupe de farine; Non blanchi

a) Faites chauffer l'huile dans une grande poêle. Ajouter les oignons et cuire et remuer jusqu'à ce qu'ils soient tendres. Ajouter les boulettes de viande cuites, $\frac{3}{4}$ tasse d'eau, le vin, les graines de carvi, le paprika, les feuilles de marjolaine et le sel.

b) Porter à ébullition puis réduire le feu et couvrir. Laisser mijoter environ 30 minutes, en remuant de temps en temps. Mélanger $\frac{1}{4}$ tasse d'eau et la farine, incorporer au mélange de sauce. Porter à ébullition en remuant soigneusement. Faire bouillir et remuer pendant 1 minute.

6. Boulettes de viande et saucisses occidentales

Ingrédient

- 1 livres   Le bœuf haché

- 1   Œuf, légèrement battu

- $\frac{1}{4}$ tasse de chapelure, sèche

- 1 oignon moyen, râpé

- 1 cuillère à soupe de sel

- $\frac{3}{4}$ tasse de sauce chili

- $\frac{1}{4}$ tasse de gelée de raisin

- 2 cuillères à soupe de jus de citron

- 1 tasse de saucisses de Francfort

a) Mélanger le boeuf, l'œuf, la chapelure, l'oignon et le sel. Façonner en petites boules. Ajouter la sauce chili, la gelée de raisin, le jus de citron et l'eau dans une grande poêle.

b) Chaleur; ajouter les boulettes de viande et laisser mijoter jusqu'à ce que la viande soit bien cuite.

c) Juste avant de servir, ajoutez les francs et faites chauffer.

7. Boulettes de poulet norvégiennes

Ingrédient

- 1 livres   Poulet haché

- 4½ cuillère à café de fécule de maïs; divisé

- 1 œuf large

- 2¼ tasse de bouillon de poulet; divisé

- ¼ cuillère à café de sel

- ½ cuillère à café de zeste de citron fraîchement râpé

- 2 cuillères à soupe d'aneth frais haché; divisé

- 4 onces   Fromage Gjetost; coupé en dés de 1/4 de pouce

- 4 tasses de nouilles aux œufs cuites chaudes

a) Battre l'œuf; ajouter un peu de bouillon $\frac{1}{4}$ tasse et 1 $\frac{1}{4}$ cuillère à café de fécule de maïs. Remuer jusqu'à consistance lisse. Ajouter le zeste de citron et 1 cuillère à soupe d'aneth frais.Ajouter le poulet haché à ce mélange.

b) Faites mijoter deux tasses de bouillon dans une poêle de 10 ou 12 pouces.

c) Déposer doucement des cuillères à soupe de mélange de poulet dans le bouillon frémissant.

d) Préparer la sauce: mélanger 1 cuillère à soupe de fécule de maïs restante dans 2 cuillères à soupe d'eau froide. Incorporer au bouillon frémissant et cuire quelques minutes jusqu'à ce que le tout épaississe. Ajouter le fromage en dés et remuer constamment jusqu'à ce que le fromage fonde.

e) Pendant la cuisson du poulet, préparez les nouilles et gardez-les au chaud.

f) Remettre les boulettes de poulet dans la sauce.

8. Boulettes de viande coréenne

Ingrédient

- 1 livres   Sanglier haché

- 2 cuillères à soupe de sauce soja

- 1 trait de poivre

- 1 Gousse d'ail; haché

- 1 Oignon vert; haché

- 1 cuillère à soupe de graines de sésame grillées

- $\frac{1}{2}$ tasse de farine

- 1 Œuf; battu avec 1 c. l'eau

- 2 cuillères à soupe d'huile de salade

- 4 cuillères à soupe de sauce soja

- 4 cuillères à soupe de vinaigre

- 2 cuillères à café de miel ou de cassonade bien tassée

- 1 trait d'assaisonnement liquide au piment fort

- 2 cuillères à café de graines de sésame grillées ou d'oignon vert finement haché

a) Dans un bol, mélanger le sanglier haché, la sauce soja, le poivre, l'ail, l'oignon vert et les graines de sésame. Façonnez la viande en boulettes.

b) Draguez chacun dans la farine, plongez-les dans le mélange d'œufs et à nouveau dans la farine. Chauffer l'huile dans une poêle à fond épais à feu moyen. Faites bien cuire. Servir avec une trempette.

9. Boulettes de viande de Manhattan

Ingrédient

- 2 livres   Boeuf haché maigre

- 2 tasses de chapelure molle

- ½ tasse d'oignon haché

- 2 Des œufs

- 2 cuillères à soupe de persil frais haché

- 1 cuillère à café de sel

- 2 cuillères à soupe de margarine Parkay

- 1 Pot; (10 oz) de conserves d'abricots Kraft

- $\frac{1}{2}$ tasse de sauce barbecue Kraft

a) Mélanger la viande, la chapelure, l'oignon, les œufs, le persil et le sel. Façonner en boulettes de viande de 1 pouce.

b) Chauffer le four à 350 degrés. Faire revenir les boulettes de viande dans la margarine dans une grande poêle à feu moyen; drainer. Placer dans un plat allant au four de 13 x 9 pouces.

c) Mélanger les conserves et la sauce barbecue ensemble; verser sur les boulettes de viande. Cuire au four 30 min, en remuant de temps à autre.

10. Boulettes de viande vietnamiennes

Ingrédient

- 1½ livre de bœuf haché maigre

- 1   Gousse d'ail, écrasée

- 1   Blanc d'oeuf

- 1 cuillère à soupe de Sherry

- 2 cuillères à soupe de sauce soja

- ½ cuillère à café de fumée liquide

- 2 cuillères à soupe de sauce de poisson

- 1 pincée de sucre

- 1   Sel et poivre blanc

- 2 cuillères à soupe de fécule de maïs

- 1 cuillère à soupe d'huile de sésame

a)   Mélanger le mélange au batteur ou au robot culinaire jusqu'à ce qu'il soit très lisse.

b)   Mouler de petites boulettes de viande sur une brochette (environ six boulettes de viande par brochette).

c)   Griller à la perfection.

11. Apéritifs suédois aux boulettes de viande

Ingrédient

- 2 cuillères à soupe d'huile de cuisson

- 1 livres   Le bœuf haché

- 1 oeuf

- 1 tasse de chapelure molle

- 1 cuillère à café de cassonade

- ½ cuillère à café de sel

- $\frac{1}{4}$ cuillère à café de poivre

- $\frac{1}{4}$ cuillère à café de gingembre

- $\frac{1}{4}$ cuillère à café de girofle moulu

- $\frac{1}{4}$ cuillère à café de muscade

- $\frac{1}{4}$ cuillère à café de cannelle

- ⅔ tasse de lait

- 1 tasse de crème sure

- $\frac{1}{2}$ cuillère à café de sel

a) Chauffer l'huile de cuisson dans une poêle à frire. Mélanger tous les ingrédients restants, sauf la crème sure et $\frac{1}{2}$ c. sel.

b) Former des boulettes de viande de la taille d'un apéritif (environ 1 "de diamètre). Faire dorer dans l'huile de cuisson de tous les côtés jusqu'à ce qu'elles soient entièrement cuites.

c) Retirer du moule et égoutter sur du papier absorbant. Retirer l'excès de graisse et refroidir légèrement la poêle. Ajouter une petite quantité de crème sure pour battre les bruns et remuer. Ajoutez ensuite le reste de la crème sure et $\frac{1}{2}$ c. sel, en remuant pour mélanger.

12. Boulettes de viande grillées galloises

Ingrédient

- 1 livres   Foie de boeuf / porc

- 2 livres   Porc haché maigre

- 4 onces   (1/2 tasse) de chapelure

- 2   Gros oignon finement haché

- 2 cuillères à café de sauge

- 2 cuillères à café de thym

- 2 cuillères à café de persil séché

- 1 pincée de noix de muscade

- Sel et poivre au goût

- 3 onces   Graisse de rognon

- Farine pour saupoudrer

a) Hachez finement le foie (plus facile à faire s'il est congelé) et rincez à l'eau.

b) Ajouter le porc haché, la chapelure, les oignons, la sauge, le thym, le persil, la muscade et le sel et le poivre. Mettez un peu de farine au fond d'un plat, ajoutez du suif et enrobez légèrement.

c) Formez des boules plus grosses qu'une boulette de viande mais plus petites qu'une balle de tennis. Utilisez un aérosol de cuisson antiadhésif pour graisser un plat vaporisé allant au four de 12 pouces carrés. Placer les boulettes de viande dans un plat et couvrir de papier d'aluminium. Cuire au four préchauffé à 400 degrés pendant 40 minutes.

d) Retirer le papier d'aluminium et égoutter le gras. Épaississez la graisse avec de la farine ou de la fécule de maïs pour faire une sauce, ajoutez de l'épaississant environ 1 cuillère à café à la fois pour obtenir la consistance que vous aimez et versez une partie de la sauce autour de la viande. Mettez des boulettes de viande, à la romaine

13. Kofta afghan

Ingrédient

- 1 oignon finement émincé
- 1 poivron vert finement haché
- 1 lb de bœuf haché
- 1 cc de gousse d'ail finement hachée
- ½ cuillère à soupe de graines de coriandre moulues
- Sel et poivre au goût

a) Pétrir ensemble le bœuf, l'oignon, le poivre, l'ail et le sel et le poivre.

b) Laisser reposer 30 minutes pour mélanger les saveurs. Former 16 boules ovales.

c) Enfiler 4 en brochettes en alternant avec un quartier d'oignon, un quartier de poivron vert et une tomate cerise sur chaque brochette. Griller environ 5 minutes jusqu'à ce qu'ils soient dorés, retourner et griller de l'autre côté.

14. Boulettes de viande polynésiennes

Ingrédient

- 1 Œuf battu

- $\frac{1}{4}$ tasse de chapelure fine et sèche

- 2 cuillères à soupe de coriandre fraîche, ciselée

- 2 Gousses d'ail emincées

- $\frac{1}{8}$ cuillère à café de poivron rouge moulu

- $\frac{1}{4}$ cuillère à café de sel

- 1 livres   Boeuf haché maigre

- $\frac{1}{4}$ tasse d'arachides, hachées finement

- Jonques d'ananas frais ou 1

- 20 Oz boîte de morceaux d'ananas, égouttés

- $1\frac{1}{4}$ tasse de sauce aigre-douce

a) Dans un bol moyen, mélanger l'œuf, la chapelure, la coriandre, l'ail, le poivron rouge et le sel. Ajouter les arachides et le bœuf. Bien mélanger.

b) Façonner en boulettes de viande de 1 ". Placer dans un plat de cuisson peu profond et cuire au four pendant 20 minutes à 350 ou jusqu'à ce qu'elles ne soient plus roses.

c) Retirer du four et égoutter. (Pour préparer à l'avance, refroidir les boulettes de viande, puis réfrigérer jusqu'à 48 heures.) Mettre une boulette de viande et un morceau d'ananas sur la brochette et remettre dans le plat de cuisson.

15. Boulettes de viande à la grecque

Ingrédient

- 1 livres   Hamburger

- 4 tranches de pain mouillé

- 1 petit oignon haché ou râpé

- ½ cuillère à café d'origan

- 1 œuf battu Sel et poivre au goût

a) Mélangez tous les ingrédients ensemble. Faire de petites boules et rouler dans la farine jusqu'à ce qu'elles soient bien couvertes. Faire frire dans une poêle contenant $\frac{1}{8}$ de pouce d'huile végétale.

b) Faites cuire d'un côté puis retournez. Ajoutez de l'huile au besoin. Chauffer l'huile à feu moyen. Devrait faire environ 20 boulettes de viande.

16. Boulettes de viande écossaises

Ingrédient

- 1 livres   Boeuf haché maigre

- 1 œuf, légèrement battu

- 3 cuillères à soupe de farine

- $\frac{1}{4}$ cuillère à café de poivre noir fraîchement moulu

- 3 cuillères à soupe d'oignon émincé

- 3 cuillères à soupe d'huile végétale
- ⅓ tasse de bouillon de poulet
- 1   Boîte de 8 onces d'ananas écrasé, égoutté
- 1½ cuillère à soupe de fécule de maïs
- 3 cuillères à soupe de sauce soja
- 3 cuillères à soupe de vinaigre de vin rouge nature
- 2 cuillères à soupe d'eau
- ¼ tasse de whisky écossais
- ⅓ tasse de bouillon de poulet
- ½ tasse de poivron vert en dés

a) Combinez les six premiers ingrédients. Façonner doucement en boules d'environ 1 pouce de diamètre.

b) Faire dorer le tout dans l'huile dans une poêle de 10 pouces.

c) Pendant ce temps, préparez la sauce écossaise suivante.

d) Ajouter les boulettes de viande et le poivron vert. Faites cuire doucement environ 10 minutes de plus. Servir avec du riz.

17. Boulettes de viande allemandes croustillantes

Ingrédient

- $\frac{1}{2}$ livre de saucisse de porc hachée

- $\frac{1}{4}$ tasse d'oignon, haché

- 1 boîte de 16 Oz de choucroute, égouttée et hachée

- 2 cuillères à soupe de chapelure, sèche et fine

- 1 paquet de fromage à la crème, ramolli

- 2 cuillères à soupe de persil

- 1 cuillère à café de moutarde préparée

- $\frac{1}{4}$ cuillère à café de sel à l'ail

- $\frac{1}{8}$ cuillère à café de poivre

- 1 tasse de mayonnaise

- $\frac{1}{4}$ tasse de moutarde préparée

- 2 oeufs

- $\frac{1}{4}$ tasse de lait

- $\frac{1}{2}$ tasse de farine

- 1 tasse de chapelure, fine

- Veg. huile

a) Mélanger la saucisse et l'oignon dans la poêle et la chapelure.

b) Combiner le fromage et les 4 ingrédients suivants dans un bol; ajouter le mélange de saucisses en remuant bien.

c) Façonner le mélange de saucisses en boules de $\frac{3}{4}$ "; rouler dans la farine. Tremper chaque boule dans le mélange d'œufs réservé; rouler les boules dans la chapelure.

d) Verser l'huile à une profondeur de 2 "dans le four; chauffer à 375 degrés. Frire jusqu'à ce qu'elle soit dorée.

18. Boulettes de viande hawaïennes

Ingrédient

- 2 livres   Le bœuf haché

- ⅔ tasse de chapelure de biscuits Graham

- ⅓ tasse d'oignon émincé

- ¼ cuillère à café de gingembre

- 1 cuillère à café de sel

- 1 oeuf

- ¼ tasse de lait

- 2 cuillères à soupe de fécule de maïs

- ½ tasse de cassonade

- ⅓ tasse de vinaigre

- 1 cuillère à soupe de sauce soja

- ⅓ tasse de poivron vert haché

- Boîte de 13½ onces d'ananas écrasé

a) Mélanger le bœuf haché, la chapelure de craquelins, l'oignon, le gingembre, le sel, l'œuf et le lait et faire des boules de 1 pouce. Faire dorer et placer dans un plat allant au four.

b) Mélanger la fécule de maïs, la cassonade, le vinaigre, la sauce soja et le poivron vert. Cuire à feu moyen jusqu'à épaississement. Ajouter l'ananas écrasé et le jus.

c) Chauffer et verser sur les boulettes de viande. Faites bien chauffer et servez.

19. Boulettes de viande scandinaves

Ingrédient

- Mélange de boulettes de viande de base

- $\frac{1}{8}$ cuillère à café de cardamome; terre

- 1 cuillère à soupe d'huile végétale

- $1\frac{1}{4}$ tasse de bouillon de bœuf prêt à servir

- $\frac{1}{4}$ cuillère à café d'aneth

- 1 cuillère à soupe de fécule de maïs

- 2 cuillères à soupe de vin blanc sec

- 2 tasses de nouilles; cuit

a) Mélanger les ingrédients du mélange de boulettes de viande de base avec la cardamome, en mélangeant légèrement mais soigneusement. Façonner le mélange en 12 boulettes de viande.

b) Faire revenir les boulettes de viande dans l'huile chaude dans une grande poêle à feu moyen. Videz les gouttes. Ajouter le bouillon de bœuf et l'aneth aux boulettes de viande dans la poêle, en remuant pour combiner.

c) Porter à ébullition; baisser la température. Couvrir hermétiquement et laisser mijoter 20 minutes. Dissoudre la fécule de maïs dans le vin blanc. Ajouter à la poêle et poursuivre la cuisson jusqu'à épaississement, en remuant constamment.

20. Boulettes de viande mexicaine

Ingrédient

- 500 grammes de bœuf haché; (1 lb)

- 500 grammes de porc haché; (1 lb)

- 2 Gousses d'ail; écrasé

- 50 grammes   Chapelure blanche fraîche; (2 oz)

- 1 cuillère à soupe de persil fraîchement haché

- 1 oeuf

- Sel et poivre noir fraîchement moulu

- 2 cuillères à soupe d'huile

- 1 pot de 275 grammes de relish taco

- 50 grammes   Fromage cheddar; râpé (2oz)

a) Mélanger la viande et l'ail, la chapelure, le persil, l'œuf et l'assaisonnement et façonner 16 boules.

b) Faites chauffer l'huile dans une poêle et faites revenir les boulettes de viande par lots pour les faire dorer de partout.

c) Transférer dans un plat allant au four et verser sur la relish taco. Couvrir et cuire dans un four préchauffé à 180 C, 350 F, gaz Mark 4 pendant 30 minutes.

d) Saupoudrer de fromage râpé et remettre au four à découvert et poursuivre la cuisson encore 30 minutes.

21. Boulettes de viande norvégiennes en gelée de raisin

Ingrédient

- 1 tasse de chapelure; mou, tendre

- 1 tasse de lait

- 2 livres   Le bœuf haché

- $\frac{3}{4}$ livres de porc haché; mince

- $\frac{1}{2}$ tasse d'oignon; haché finement

- 2 oeufs; battu

- 2 cuillères à café de sel

- 1 cuillère à café de poivre

- $\frac{1}{2}$ cuillère à café de muscade

- $\frac{1}{2}$ cuillère à café de piment de la Jamaïque

- $\frac{1}{2}$ cuillère à café de cardamome

- $\frac{1}{4}$ cuillère à café de gingembre

- 2 cuillères à soupe de jus de bacon; ou huile de salade

- 8 onces   Gelée de raisin

a) Faites tremper la chapelure dans le lait pendant une heure. Mélanger le bœuf haché, le porc et l'oignon. Ajouter les œufs, le lait et le mélange de chapelure. Ajoutez du sel, du poivre et des épices.

b) Bien mélanger et fouetter avec une fourchette. Réfrigérez une à deux heures. Façonner en petites boules, rouler dans la farine et faire dorer dans le jus de bacon ou l'huile. Secouez la poêle ou une poêle épaisse pour enrouler les boulettes de viande dans de la graisse chaude.

c) Mettre dans une mijoteuse avec 1 grand pot de gelée de raisin et cuire à LENT pendant une heure.

22. Boulettes de viande thaï épicées aux nouilles

Ingrédient

- 1 livres   Porc haché

- 1 œuf large

- $\frac{1}{2}$ tasse d'arachides rôties à sec, hachées finement

- $\frac{1}{4}$ tasse de coriandre ou de persil frais haché

- $\frac{3}{4}$ cuillère à café de sel

- 1   3 3/4 oz de nouilles au cellophane

- $\frac{1}{2}$ tasse de beurre d'arachide en morceaux

- 1 cuillère à soupe de zeste de citron râpé

- ¼ cuillère à café de poivre de Cayenne rouge moulu

- 1 petit concombre, tranché

- 1 petite carotte, pelée et tranchée finement ou coupée en bâtonnets minces

- Huile végétale Brins de coriandre ou de persil frais,

a) Mélanger le porc, l'œuf, les arachides moulues, la coriandre hachée et le sel.

b) Façonner le mélange en boules de 1 ". Dans une poêle de 12" à feu moyen-vif, chauffer 2 c. À soupe d'huile; ajouter les boulettes de viande. Cuire environ 12 minutes, en les retournant fréquemment jusqu'à ce qu'elles soient bien dorées de tous les côtés.

c) Pendant ce temps, ajoutez les nouilles.

d) Lorsque les boulettes de viande sont cuites, incorporer le beurre d'arachide, le zeste de citron râpé et le poivron rouge moulu.

23. Boulettes de viande ukrainiennes "bitki"

Ingrédient

- 1½ livres de champignons frais ou

- ¼ livres de champignons séchés

- 2 livres   Palette de boeuf hachée désossée

- 3 chacun Oignons gros hachés finement

- ½ tasse de beurre ou de margeraine

- 1 gousse d'ail émincée

- 1 tasse de farine

- 2 cuillères à soupe de chapelure

a) Mélanger le ⅓des oignons, de la viande, de la chapelure sel et poivre et de l'ail. Former des boules de ce mélange env. 2 "de diamètre. Aplatir ces boules et les enrober de farine et faire revenir les deux côtés dans le beurre.

b) Faire tremper les champignons dans de l'eau froide si vous utilisez des champignons séchés. Faire bouillir pendant 30 minutes puis égoutter et réserver le bouillon. Faire revenir le mélange oignon-champignons dans le beurre.

c) Mettez les oignons hachés restants en couche dans une grande casserole, placez la moitié du mélange oignon-champignons cuit sur cette couche d'oignon haché non cuit.

d) Placer le bitki sur cette couche puis recouvrir du reste du mélange oignon-champignons.

24. Spaghetti aux boulettes de dinde

Ingrédient

- $\frac{3}{4}$ livres Poitrine de dinde hachée sans peau ou dinde hachée

- $\frac{1}{4}$ tasse de carottes râpées

- $\frac{1}{4}$ tasse d'oignon haché

- $\frac{1}{4}$ tasse de chapelure sèche

- 1 cuillère à soupe de basilic frais haché OU 1 cuillère à café de feuilles de basilic séchées

- 2 cuillères à soupe de lait écrémé

- ½ cuillère à café de sel; si on le désire

- ¼ cuillère à café de poivre

- 1 gousse d'ail; écrasé

- 3 tasses de sauce à spaghetti préparée

- 2 tasses de spaghetti ou de courge spaghetti cuits chauds

- Fromage parmesan râpé; si on le désire

a) Dans un bol moyen, mélanger la dinde hachée, la carotte, l'oignon, la chapelure, le basilic, le lait, le sel, le poivre et l'ail; bien mélanger. Façonner le mélange de dinde en boules de 1 pouce.

b) Dans une grande casserole, mélanger les boulettes de viande et la sauce. Couverture; cuire à feu moyen de 10 à 15 minutes jusqu'à ce que les boulettes de viande ne soient plus roses au centre, en remuant de temps en temps.

c) Servir avec des spaghettis cuits ou de la courge spaghetti. Garnir de fromage parmesan.

25. Boulettes de viande russes (bitochki)

Ingrédient

- 1 livres   Le bœuf haché

- 1 livres   Veau haché

- $\frac{1}{2}$ tasse d'oignon haché

- $\frac{1}{4}$ tasse de graisse de rein fondue

- 2 tranches de Pause, trempées dans du lait, essorées

- 2 cuillères à café de sel

- Poivre moulu

- De fines miettes de pain

- Beurre ou graisse de bœuf

- 2 tasses de crème sure

- $\frac{1}{2}$ livres de champignons tranchés, sautés

a) Cuire l'oignon dans la graisse de rein fondue jusqu'à ce qu'il soit flétri. Mélanger le bœuf, le veau, l'oignon, le pain, le sel et un peu de poivre. Bien pétrir et réfrigérer.

b) Mouillez les mains et formez le mélange en boules de la taille de boules d'or. Rouler en chapelure et faire revenir dans du beurre ou de la graisse de bœuf jusqu'à ce que le tout soit doré. Retirer et garder au chaud.

c) Ajouter la crème sure et les champignons à la poêle. Chaleur. Versez la sauce sur la viande.

26. Boulettes de viande méditerranéenne

Ingrédient

- 1 livres   Bœuf haché, émietté

- 3 cuillères à soupe de chapelure sèche non assaisonnée

- 1 œuf large

- 1 cuillère à café de flocons de persil séché

- 2 cuillères à soupe de margarine

- $\frac{1}{4}$ cuillère à café d'ail en poudre

- $\frac{1}{2}$ cuillère à café de feuilles de menthe séchées, écrasées

- $\frac{1}{4}$ cuillère à café de feuilles de romarin séchées, écrasées

- $\frac{1}{4}$ cuillère à café de poivre

- 1 cuillère à café de flocons de persil séché

a) Mélanger tous les ingrédients des boulettes de viande dans un bol moyen. Façonner le mélange en 12 boulettes de viande.

b) Placez la margarine, l'ail en poudre et le persil dans 1 tasse.

c) Cuire au micro-ondes à puissance élevée pendant 45 secondes à 1 minute, ou jusqu'à ce que le beurre fonde.

d) Tremper les boulettes de viande dans le mélange de margarine pour couvrir et placer sur une grille à rôtir.

e) Cuire au micro-ondes à puissance élevée pendant 15 à 18 minutes, ou jusqu'à ce que les boulettes de viande soient fermes et ne soient plus roses au centre, en tournant la grille et en réarrangeant les boulettes de viande deux fois pendant la cuisson. Si désiré, servir avec du riz cuit chaud ou du couscous.

27. Soupe chinoise aux boulettes de viande et au cresson

Ingrédient

- 8 onces   Châtaignes d'eau

- 1 livres   Porc maigre finement haché

- $4\frac{1}{2}$ cuillère à café de gingembre frais pelé et émincé

- Poivre blanc moulu, au goût

- $1\frac{1}{2}$ cuillère à café de sauce soja

- $2\frac{1}{8}$ cuillère à café de fécule de maïs

- Sel au goût

SOUPE:

- 5 tasses de bouillon de légumes
- 5 tasses de bouillon de poulet
- Le sel
- Poivre noir fraichement moulu
- 2 bouquets de cresson, hachés
- 3 oignons verts, hachés finement

a) Hachez finement 12 des châtaignes d'eau. Réservez les autres pour la garniture.

b) Mélanger le porc, le gingembre, les châtaignes d'eau hachées, la sauce soja, la fécule de maïs, le sel et le poivre. Bien mélanger et former des boules de $\frac{3}{4}$ de pouce de diamètre.

c) Faites mijoter le bouillon de légumes et le bouillon de poulet dans une grande casserole. Mettez un quart des boulettes de viande dans le bouillon et faites-les pocher jusqu'à ce qu'elles atteignent le sommet.

d) Ajoutez le cresson et les oignons verts.

28. Keftedes [boulettes de viande grecque]

Ingrédient

- 1½ livre de steak rond haché

- 2 oeufs; légèrement battu

- ½ tasse de chapelure; bien, doux

- 2 oignons moyens; haché finement

- 2 cuillères à soupe de persil; frais, haché

- 1 cuillère à soupe de menthe; frais, haché

- ¼ cuillère à café de cannelle

- ¼ cuillère à café de piment de la Jamaïque

- Sel et poivre frais moulu

- Shortening pour la friture

a) Mélanger tous les ingrédients sauf le shortening et bien mélanger.

b) Réfrigérer pendant plusieurs heures. Façonner en petites boules et faire frire dans le shortening fondu. Servir chaud.

29. Boulettes de viande françaises

Ingrédient

- 1 livres   Poulet haché ou dinde

- ½ tasse de chapelure

- 1 oeuf

- 1 cuillère à café de flocons de persil

- ½ cuillère à café de poudre d'oignon

- ¼ cuillère à café de sel

- ⅛ cuillère à café de poivre

- $\frac{1}{8}$ cuillère à café de muscade

- 2 cuillères à soupe d'huile végétale

- 1 pot de sauce de cuisson au poulet

- $\frac{1}{4}$ cuillère à café de sel

- $\frac{1}{4}$ cuillère à café de poivre

- $1\frac{1}{2}$ tasse de pois surgelés

- $\frac{1}{2}$ tasse de crème sure

- 8 onces   Nouilles aux œufs larges, cuites et égouttées

a) Dans un grand bol, mélanger le poulet haché, la chapelure, l'œuf, le persil, l'oignon en poudre, $\frac{1}{4}$ cuillère à café de sel, $\frac{1}{8}$ cuillère à café de poivre et la muscade. Former des boulettes de viande de $1\frac{1}{2}$ ".

b) Faire revenir les boulettes de viande de tous les côtés dans de l'huile végétale; égoutter la graisse. Ajouter la sauce, $\frac{1}{4}$ cuillère à café de sel, $\frac{1}{8}$ cuillère à café de poivre et les petits pois.

c) Laisser mijoter, couvert, 30 minutes ou jusqu'à ce que les boulettes de viande soient bien cuites; remuer de temps en temps. Ajoutez de la crème sure.

30. Boulettes d'agneau du Moyen-Orient

Ingrédient

- 1½ livre d'agneau haché

- ½ tasse d'oignon; haché

- ½ tasse de persil frais; haché

- 3 cuillères à soupe de farine

- 3 cuillères à soupe de vin rouge; (ou eau)

- 1½ cuillère à café de sel

- $\frac{1}{2}$ cuillère à café de poivre fraîchement moulu

- $\frac{1}{2}$ cuillère à café de piment de la Jamaïque

- $\frac{1}{4}$ cuillère à café de cannelle

- $\frac{1}{4}$ cuillère à café de piment de Cayenne

a) Mélanger les ingrédients, bien mélanger et façonner 18 boulettes de viande.

b) Placez environ 4 à 6 pouces au-dessus des charbons ardents ou faites griller à environ 4 pouces de la source de chaleur environ 15 à 20 minutes, en retournant souvent ou jusqu'à ce que l'agneau soit cuit.

31. Soupe asiatique aux boulettes de viande

Ingrédient

- 2 litres de bouillon de poulet

- ¼ livre de porc haché

- 1 cuillère à soupe d'oignons verts hachés

- 1 cuillère à soupe de sauce soja

- 1 cuillère à café de gingembre finement émincé

- 1 cuillère à café d'huile de sésame

Rouleaux de crevettes:

- ¼ livres de crevettes hachées

- ½ tasse de nouilles au cellophane, cuites

- 1½ cuillère à café de sauce soja

- 1 cuillère à café d'oignons verts hachés

- 1 cuillère à café d'ail haché

- 6 Feuilles de chou Napa

- 6 Feuilles d'oignons verts longs

- Oignons verts hachés, pour la garniture

a) Dans une marmite à soupe, chauffer lentement le bouillon de poulet à ébullition. Faire des boulettes de viande: mélanger les ingrédients et former⅓boules de pouces.

b) Faire des rouleaux de crevettes: combiner les crevettes et les 4 ingrédients suivants. Disposer les feuilles de chou, empiler 1½ cuillère à soupe de farce au centre et replier comme un rouleau d'oeuf; nouer solidement avec un oignon vert.

c) Déposer délicatement les boulettes de viande et les rouleaux de crevettes dans le bouillon frémissant. Cuire à feu doux, 15 minutes.

d) Mettez quelques oignons verts hachés dans une marmite, rectifiez l'assaisonnement et servez.

32. Sandwich italien aux boulettes de viande

Ingrédient

- 1 livres   Mandrin rectifié ou rectifié

- ½ livres de porc haché

- 1½ tasse de fromage râpé

- 2 tasses de chapelure sèche fine

- Une poignée de persil broyé séché

- 2 oeufs

- $\frac{3}{4}$ tasse de lait

- Sel poivre

- 1 litre de sauce tomate et 1 petite boîte de pâte de tomate

- 1 chopine de tomates entières, écrasées

- vin rouge

- Porc salé

- Sel, poivre, ail sel au goût

- Basilic doux sec, marjolaine sèche

- 4 gousses d'ail émincées

a) Préparez la sauce

b) Préparez les boulettes de viande: Placez tous les ingrédients, sauf le lait, dans un grand bol et mélangez bien.

c) Formez une petite portion du mélange de viande en boule d'environ 2 "de diamètre. Faites-les cuire jusqu'à obtenir une belle croûte à l'extérieur.

33. Kefta égyptien

Ingrédient

- 1 lb d'agneau haché

- 1 cuillère à soupe de sel

- $\frac{1}{2}$ tasse de poivre moulu

- Cresson haché

- persil plat

a) Combiner la viande, le sel et le poivre, former des ovales de 5 ou 6 pouces.

b) Enfiler la brochette et griller 5 minutes jusqu'à ce qu'elle soit dorée, tourner et griller de l'autre côté. Servir sur un lit de cresson. Saupoudrer abondamment de persil haché. Accompagner de pain pita.

34. Boulettes de viande européennes à la crème

Ingrédient

- 8 onces   Bœuf haché maigre rond

- 8 onces   Porc haché maigre ou épaule de veau

- 1 petit oignon jaune; haché finement

- $\frac{1}{2}$ cuillère à café de sel, poivre noir

- $\frac{1}{4}$ cuillère à café de thym séché; en miettes

- $\frac{1}{4}$ cuillère à café de marjolaine ou d'origan; en miettes

- $\frac{1}{4}$ cuillère à café de muscade moulue

- $1\frac{1}{2}$ tasse de chapelure fraîche

- 2 cuillères à soupe de beurre

- 2 cuillères à soupe de farine tout usage

- $1\frac{1}{2}$ tasse de bouillon de bœuf

- 2 cuillères à soupe Aneth ciselé -ou-

- 2 cuillères à café d'aneth séché

- $\frac{1}{2}$ tasse de crème épaisse ou légère

a) Dans un bol, mélanger le bœuf, le porc, l'oignon, le sel, le poivre, le thym, la marjolaine, la muscade, la chapelure et l'eau avec les mains.

b) Façonner le mélange en boules de 2 pouces. Faire griller de chaque côté ou jusqu'à ce qu'ils soient légèrement dorés.

c) Pour préparer la sauce, faire fondre le beurre dans une poêle épaisse de 10 pouces à feu modéré. Incorporer la farine pour obtenir une pâte lisse. Transférer les boulettes de viande dans la sauce.

d) Incorporer l'aneth et ajouter la crème et remuer jusqu'à ce que la sauce soit lisse, environ 1 minute. Ajoutez un peu de paprika et de l'aneth. Servir avec des pommes de terre ou des nouilles aux œufs beurrées.

35. Boulettes de viande danoises (frikadeller)

Ingrédient

- ½ livre de veau

- ½ livres de porc

- 1 gramme d'oignon

- 2 tasses de lait

- Poivre à goûter

- 2 cuillères à soupe de farine ou 1 tasse de chapelure

- 1 oeuf

- Sel au goût

a) Mettre le veau et le porc ensemble dans un moulin 4 ou 5 fois. Ajouter la farine ou la chapelure, le lait, l'œuf, l'oignon, le sel et le poivre. Bien mélanger.

b) Déposer sur une poêle à partir d'une grande cuillère à soupe et faire frire à feu doux.

c) Servir avec du beurre bruni, des pommes de terre et du chou cuit.

36. Boulettes de viande suédoises faciles

Ingrédient

- 2 livres   Viande hachée (bœuf, veau et porc)

- 1 oignon, râpé

- $\frac{1}{2}$ tasse de chapelure

- 1 pincée de sel, de poivre

- 1 cuillère à café de sauce Worcestershire

- 2 œufs battus

- 4 cuillères à soupe de beurre

- 2 tasses de bouillon ou consommé

- 4 cuillères à soupe de farine

- $\frac{1}{4}$ tasse de Sherry

a) Mélanger les six premiers ingrédients, façonner en petites boules. Faire revenir au beurre.

b) Ajouter le bouillon, couvrir la poêle et laisser mijoter 15 minutes. Retirer les boulettes de viande, réserver au chaud. Épaissir la sauce avec la farine mélangée avec un peu d'eau froide. Cuire 5 minutes, ajouter le sherry. Réchauffez les boulettes de viande dans la sauce.

37. Boulettes de viande allemandes

Ingrédient

- 1 livres   Boeuf, haché

- 1 livres   Porc, haché

- 1   Oignon râpé

- ⅓ tasse de chapelure

- 1 pincée de sel

- un trait de poivre

- 1 pincée de noix de muscade

- 5   Blancs d'œuf, battus raides

- 3 tasses d'eau

- 1   Oignon, coupé finement

- 4   Feuilles de laurier

- 1 cuillère à soupe de sucre

- 1 cuillère à café de sel

- $\frac{1}{2}$ cuillère à café de piment de la Jamaïque et de grains de poivre

- $\frac{1}{4}$ tasse de vinaigre d'estragon

- 1 cuillère à soupe de farine

- 5 jaunes d'oeufs battus

- 1 citron, tranché

- câpres

a)   BOULES DE VIANDE: Mélanger tous les ingrédients, en ajoutant les blancs d'œufs battus en dernier. Formez des boules. SAUCE: Faire bouillir les 6 premiers ingrédients 30 minutes. Souche; porter à ébullition, ajouter les boulettes de viande et laisser mijoter 15 minutes. Déposer les boulettes de viande sur un plat chaud, en les gardant au chaud. Ajoutez du vinaigre au liquide.

38. Ragoût de boulettes de viande du Ghana

Ingrédient

- 2 livres   Le bœuf haché

- 1 cuillère à café de jus de citron

- 1 œuf large; Légèrement battu

- 1 tasse d'oignons; Haché finement

- 1 cuillère à café de sel, 1 cuillère à café de poivre noir

- 1 trait d'ail en poudre

- 1 cuillère à café de muscade moulue

- $1\frac{1}{2}$ cuillère à soupe de farine tout usage

- $\frac{1}{2}$ tasse d'huile de cuisson

- 1 oignon moyen; Découpé en tranches

- 1 tasse de sauce tomate

- 1 tomate moyenne; Pelé et tranché

- 1 poivron vert; Découpé en tranches

a) Dans un grand bol à mélanger, combiner le bœuf haché avec l'attendrisseur, le jus de citron, l'œuf, les oignons, le sel, le choix de poivre, l'ail et la muscade.

b) Former environ une douzaine de boules de la taille d'une cuillère à soupe de bœuf assaisonné.

c) Entre-temps, chauffer l'huile dans une grande poêle à feu moyen. Faire dorer uniformément tous les côtés des boulettes de viande en utilisant une cuillère en métal pour les retourner.

d) Pour préparer la sauce, remettez l'huile de cuisson restante dans une grande poêle propre et faites dorer toute la farine restante. Ajouter les oignons, la sauce tomate, les tranches de tomate et le poivron vert.

e) Ajouter les boulettes de viande dorées réservées, couvrir et réduire le feu pour laisser mijoter.

39. Boulettes de viande à l'apéritif d'Extrême-Orient

Ingrédient

- 1 boîte de viande pour le déjeuner de spam; (12 onces)

- ⅔ tasse de chapelure sèche

- ½ tasse de germes de soja hachés bien égouttés

- ¼ tasse d'oignons verts hachés

- ¼ cuillère à café de gingembre en poudre

- Poivre noir fraichement moulu; goûter

- Choix de cocktails

SAUCE

- 1 tasse de jus de tomate

- $\frac{1}{4}$ tasse de poivron vert finement haché

- ⅓ tasse d'oignons verts finement chopés

- $\frac{1}{4}$ cuillère à café de gingembre moulu

a) Combinez le Spam moulu avec de la chapelure, des spores de haricots, de l'oignon, du gingembre et du poivre.

b) Façonner le mélange en 24 boules. Placer sur une grille dans un plat de cuisson peu profond; cuire au four à 425 degrés 15 minutes. Refroidir à température ambiante.

c) Piquez les boulettes de viande sur les piques à cocktails et trempez-les dans la sauce chaude Extrême-Orient.

d) Sauce à trempette Extrême-Orient: Dans une petite casserole, mélanger tous les ingrédients. Porter à ébullition; laisser mijoter, à découvert, 5 minutes. Servir chaud.

40. Boulettes de viande indonésiennes

Ingrédient

- 500 grammes de porc haché

- 1 cuillère à café de gingembre frais râpé

- 1 Oignon; très finement haché

- 1 Œuf; battu

- ½ tasse de chapelure fraîche

- 1 cuillère à soupe d'huile

- 1 oignon; en dés

- 1   Gousse d'ail; écrasé

- 1 cuillère à café de gingembre frais râpé

- $\frac{1}{4}$ cuillère à café de coriandre moulue

- 1 boîte de crème réduite Nestlé

- 2 cuillères à soupe de noix de coco fine

- 4 cuillères à café de sauce soja

- $\frac{1}{4}$ tasse de beurre d'arachide croquant

a) Mélanger le porc haché, le gingembre racine, l'oignon, l'œuf et la chapelure. Bien mélanger.

b) Ajouter les boulettes de viande et cuire jusqu'à ce qu'elles soient dorées de partout.

c) Mettez le beurre dans la poêle. Ajouter l'oignon et cuire 2-3 minutes.

d) Incorporer l'ail, la poudre de curry de gingembre et la coriandre moulue.

e) Ajouter la rame réduite, l'eau et la noix de coco. Remuer jusqu'à consistance lisse, puis ajouter la sauce soja et le beurre d'arachide. Ajoutez les boulettes de viande.

41. Boulettes de viande libanaises

Ingrédient

- ½ tasse d'oignon haché

- 3 cuillères à soupe de beurre

- 1 livres   Le bœuf haché

- 1 œuf battu

- 2 tranches de pain trempées dans 1/2 c. lait

- 1 cuillère à café de sel

- ⅛ cuillère à café de poivre

- 1 tasse de chapelure sèche

- 2 tasses de yogourt nature

a) Préparation: Faire revenir l'oignon dans 1 cuillère à soupe de beurre jusqu'à ce qu'il soit transparent.

b) Cool légèrement. Mélanger avec la viande, l'œuf, le pain et l'assaisonnement. Former des boules de $1\frac{1}{4}$ pouce et les rouler dans de la chapelure sèche. Faire dorer lentement dans les 2 cuillères à soupe de beurre restantes. Égouttez tout sauf 2 cuillères à soupe de graisse.

c) Verser doucement le yogourt sur et autour des boulettes de viande. Laisser mijoter 20 minutes. Servir chaud avec du riz ou du blé pilaf.

42. Boulettes de viande et poivrons de Californie

Ingrédient

- 3 cuillères à soupe d'huile d'olive

- 1 gros poivron rouge, évidé, épépiné

- 1 gros poivron vert, évidé, épépiné

- 1 gros poivron jaune, évidé, épépiné

- 1 gros oignon, coupé en quartiers

- ⅓ livres de boeuf haché

- ⅓ livres de porc haché

- ⅓ livres de veau haché

- 1 œuf large

- ¼ tasse de chapelure sèche fine

- ¼ tasse de persil frais haché

- 1 cuillère à café de graines de fenouil écrasées

- 1¼ cuillère à café de sel

- ¼ cuillère à café de poivre noir

- ½ tasse d'olives noires dénoyautées, coupées en deux

a) Dans une poêle de 12 "à feu moyen, chauffer 1 c. À soupe d'huile d'olive; ajouter les poivrons rouges, verts et jaunes et l'oignon.

b) Mélanger le mélange du boucher, l'œuf, la chapelure, le persil, les graines de fenouil, ¼ c. sel et poivre noir.

c) Façonner le mélange en boules de 1¼ ". Cuire.

43. Boulettes de viande cantonaise

Ingrédient

- 1 livres   Le bœuf haché

- $\frac{1}{4}$ tasse d'oignons émincés

- 1 cuillère à café de sel

- 1 cuillère à café de poivre

- $\frac{1}{2}$ tasse de lait

- $\frac{1}{4}$ tasse) de sucre

- $1\frac{1}{2}$ cuillère à soupe de fécule de maïs

- 1 tasse de jus d'ananas

- $\frac{1}{4}$ tasse de vinaigre

- 1 cuillère à café de sauce soja

- 1 cuillère à soupe de beurre

- 1 tasse de céleri tranché

- $\frac{1}{2}$ tasse de poivron tranché

- $\frac{1}{2}$ tasse d'amandes effilées, sautées

- Former 20 petites boulettes de viande de bœuf, oignons, sel, poivre et lait combinés.

a) Mélanger le sucre et la fécule de maïs; mélanger les liquides et ajouter le beurre.

b) Cuire à feu doux jusqu'à ce qu'il soit clair, en remuant constamment.

c) Ajouter les légumes et chauffer doucement 5 minutes.

d) Déposer les boulettes de viande sur un lit de riz cuit, garnir de sauce et saupoudrer d'amandes.

BOULES DE VIANDE COCKTAIL

44. Boulettes de viande cocktail festives

Ingrédient

- 1½ livre de bœuf haché

- 1 tasse de riz MINUTE

- 1 boîte (8 oz) d'ananas écrasé dans du jus

- ½ tasse de carotte [finement râpée]

- ½ tasse d'oignon [haché]

- 1 œuf [battu]

- 1 cuillère à café de gingembre [moulu]

- 8 onces Vinaigrette française

- 2 cuillères à soupe de sauce soja

a) Mélanger tous les ingrédients sauf les 2 derniers dans un bol, puis former des boulettes de viande de 1 ".

b) Déposer sur une plaque à pâtisserie graissée et cuire au four préchauffé.

c) Mélangez la sauce soja et la vinaigrette.

d) Servez les boulettes de viande chaudes avec la vinaigrette.

45. Boulettes de viande apéritif chipotle

Ingrédient

- 1 oignon moyen; haché

- 4 Gousses d'ail; haché

- 1 cuillère à soupe d'huile végétale

- 1 tasse de sauce tomate

- 2 tasses de bouillon de boeuf

- ¼ tasse d'adobo de chipotles avec la sauce

- 1 livres   Le bœuf haché

- 1 livres   Porc haché

- ½ tasse d'oignon finement haché

- ¼ tasse de coriandre fraîche hachée finement

- ½ tasse de chapelure

- 1 oeuf; battu

- Sel et poivre noir fraîchement moulu

- Huile végétale pour la friture

a) Faire revenir l'oignon et l'ail dans l'huile jusqu'à ce qu'ils soient légèrement dorés. Ajouter la sauce tomate, le bouillon et les chipotles dans la sauce adobo.

b) Mélanger le bœuf, le porc, l'oignon, la coriandre, la chapelure, l'œuf et assaisonner de sel et de poivre. Mélangez doucement, puis formez de petites boulettes de viande.

c) Versez quelques cuillères à soupe d'huile dans une casserole à fond épais et faites dorer les boulettes de viande.

46. Boulettes de viande cocktail aux canneberges

Ingrédient

- 2 livres   Chuck, moulu

- 2 chacun Des œufs

- ⅓ tasse Catsup

- 2 cuillères à soupe de sauce soja

- ¼ cuillère à café de poivre

- 12 onces de sauce chili

- 1 cuillère à soupe de jus de citron

- 1 tasse de flocons de maïs, chapelure

- ⅓ tasse de persil, frais, émincé

- 2 cuillères à soupe d'oignon, vert et émincé

- 1 gousse d'ail, pressée

- 16 onces de sauce aux canneberges, grains entiers

- 1 cuillère à soupe de cassonade

a) Mélanger les 9 premiers ingrédients dans un grand bol; bien mélanger. Façonner le mélange de viande en boules de 1 pouce.

b) Placer dans un moule à gelée 15x10x1 non graissé. Cuire au four non cuit à 500F pendant 8 à 10 minutes.

c) Égoutter les boulettes de viande et les transférer dans un plat de cuisson, et réserver au chaud.

d) Mélanger la sauce aux canneberges avec le reste des ingrédients dans une casserole. Cuire à feu moyen jusqu'à ce que le tout bouillonne, en remuant de temps à autre; verser sur les boulettes de viande. Servir chaud.

47. Boulettes de Viande au Vin

Ingrédient

- Mandrin de $1\frac{1}{2}$ livres, moulu
- $\frac{1}{4}$ tasse   Chapelure assaisonnée
- 1 oignon moyen; haché
- 2 cuillères à café   Raifort, préparé
- 2 gousses d'ail; écrasé
- $\frac{3}{4}$ tasse   Jus de tomate
- 2 cuillères à café   Le sel
- $\frac{1}{4}$ cuillère à café de poivre
- 2 cuillères à soupe de margarine
- 1 oignon moyen; haché
- 2 cuillères à soupe de farine tout usage

- 1½ tasse de bouillon de boeuf
- ½ tasse   Vin, rouge sec
- 2 cuillères à soupe de sucre, brun
- 2 cuillères à soupe de Catsup
- 1 cuillère à soupe   Jus de citron
- 3 Gingersnaps; en miettes

a) Combinez les 8 premiers ingrédients en mélangeant bien. Façonner en boules de 1 "; placer dans un plat allant au four de 13x9x2". Cuire au four à 450 degrés pendant 20 minutes. Retirer du four et éliminer l'excès de graisse.

b) Chauffer la margarine dans une grande poêle; faire revenir l'oignon jusqu'à ce qu'il soit tendre. Incorporer la farine; ajouter graduellement le bouillon de bœuf en remuant constamment. Ajoutez le reste des ingrédients. Cuire à feu doux 15 minutes; ajouter les boulettes de viande et laisser mijoter 5 minutes.

48. Chuletas (boulettes de viande de cocktail mexicain)

Ingrédient

- 2 livres de bœuf haché
- 2 tasses   Brins de persil; Haché
- 3 oignon jaune; Haché
- 2 gros oeufs; légèrement battu
- 1 cuillère à soupe   Le sel
- $\frac{1}{2}$ tasse   Parmesan; Fraîchement râpé
- $\frac{1}{2}$ cuillère à café de sauce Tabasco
- 1 cuillère à café de poivre noir
- 3 tasses   Chapelure

- Huile d'olive

a) Mélangez tous les ingrédients sauf les miettes. Former de petites boules de taille cocktail.

b) Rouler les boules dans la chapelure. Chill bien. Faire sauter dans l'huile d'olive trois à quatre minutes. Transférer dans un plat à réchauffer. Servir avec votre salsa préférée comme trempette. Donne environ 15 par livre de bœuf haché.

49. Boulettes de viande de fête

Ingrédient

- 1 livres   Le bœuf haché

- ½ tasse de chapelure sèche fine

- ⅓tasse d'oignon; haché

- ¼ tasse de lait

- 1   Œuf; battu

- 1 cuillère à soupe de persil frais; haché

- 1 cuillère à café de sel

- ½ cuillère à café de poivre noir

- 1 cuillère à soupe de sauce Worcestershire

- $\frac{1}{4}$ tasse de shortening végétal Crisco

- 1 bouteille de 12 oz de sauce chili

- 1 pot de gelée de raisin de 10 oz

a) Façonner en boulettes de viande de 1 ". Co dans une poêle électrique dans du shortening chaud à feu moyen pendant 10 à 15 minutes ou jusqu'à ce qu'elles soient dorées. Égoutter sur du papier absorbant.

b) Mélanger la sauce chili et la gelée de raisin dans une casserole moyenne (ou la même poêle électrique); bien mélanger. Ajouter les boulettes de viande et laisser mijoter à feu doux pendant 30 minutes, en remuant de temps en temps. Servir avec des cure-dents sortis d'un plat de cuisson pour garder au chaud

50. Boulettes de viande au cocktail de wapiti

Ingrédient

- 2 livres   Viande hachée

- 1 chaque œuf, légèrement battu

- ½ cuillère à café de poivre

- 1 tasse de chapelure fine

- 1 cuillère à café de sel

- ½ tasse de lait

- 2 cuillères à café d'oignon râpé

- $2\frac{1}{2}$ tasse de jus d'ananas

- $\frac{1}{4}$ tasse de farine

- 1 à 2 cuillères à café de shortening

- 1 tasse de sauce barbecue

DIRECTIONS

a) Mélanger la viande, la chapelure, l'œuf, le sel, le poivre, le lait, le poivre et l'oignon; Former de petites boulettes de viande. Faire dorer dans du shortening chaud. Mélanger le jus d'ananas, la sauce barbecue et la farine. Ajoutez les boulettes de viande à la sauce.

b) Cuire au four pendant une heure et demie à 350 degrés. Peut être servi chaud ou froid sur des cure-dents.

CONCLUSION

La plupart d'entre nous associons les boulettes de viande aux classiques de la cuisine italo-américaine: sauce marinara mijotée lentement enrobant les boules parfumées à l'origan, empilées sur des spaghettis. Mais les boulettes de viande apparaissent également dans la cuisine d'autres cultures, du Moyen-Orient à l'Asie du Sud-Est. Après tout, une boulette de viande utilise souvent des morceaux de viande moins désirables - ceux qui nécessitent un hachage fin et une foule de compléments pour être correctement appréciés - et les cuisiniers du monde entier ont donc réalisé qu'ils étaient un moyen idéal d'utiliser des morceaux supplémentaires de durs. , épaule de porc grasse.

Les saveurs dont vous rêvez actuellement peuvent probablement être adaptées à la formule de la viande, du pain, des œufs et du sel. En fait, vous n'avez même pas besoin de viande pour une boulette de viande. Nous avons une boule végétarienne dont nous sommes vraiment fiers!

Lightning Source UK Ltd.
Milton Keynes UK
UKHW020634220621
385949UK00001B/70